C000022260

1 MONTH OF
FREE
READING

at
www.ForgottenBooks.com

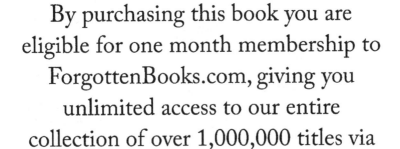

By purchasing this book you are eligible for one month membership to ForgottenBooks.com, giving you unlimited access to our entire collection of over 1,000,000 titles via our web site and mobile apps.

To claim your free month visit:

www.forgottenbooks.com/free652599

ISBN 978-0-484-59858-3
PIBN 10652599

Rom's
religiöser Zustand

am

Ende der alten Welt.

———

Inaugural = Dissertation

von

Michael Anton

Mich. Ant. Strodl,

Priester der Erzdiözese München=Freysing, und Doktor der
Philosophie.

München, 1844.

Druck von Joh. Georg Weiß.

Class 8528.44

Einleitung.

Alle Religion ist im weitesten Sinne das wechselseitige Verhältniß des Menschen, ja, wenn man will, der Welt mit Gott. Bei unserer Aufgabe haben wir es aber mit einer heidnischen Religion zu thun, in welcher nicht der Eine wahre Gott, sondern viele und falsche Götter in diesem Verhältnisse beschlossen sind, und welche die Menschen für Götter hielten. Mit Rücksicht auf's Heidenthum ist also Religion das Verhältniß des Menschen mit dem, was er als ein Göttliches anerkennt. Alle Religion beruht also zunächst auf der Anerkennung eines Göttlichen, oder vielmehr eines für göttlich Gehaltenen. Dieses Göttliche erscheint nun dem Bewußtseyn als eine Wahrheit, aber nicht etwa als eine solche, die durch's Denken, durch Reflexion erzeugt ist, sondern als eine solche, welche vor allem Denken, vor aller Reflexion für's Bewußtseyn als eine Wirklichkeit vorhanden ist, von welcher das Bewußtseyn vor allem Aktus sich durchdrungen und

1

ergriffen fühlt, so daß dieß als göttlich Geschaute der wirkliche Inhalt des Bewußtseyns selbst ist, wie wir dieß bei allen alten Völkern sehen, deren besonderes Volks-Bewußtseyn selbst nur mit den besondern Göttern entstanden, nur durch diese seine Götter geworden ist. Es ist also für's Bewußtseyn eine reale lebendige Wahrheit, eine Thatsache, die allen Zweifel ausschließt, und alle Religion beruht auf einer solchen realen Wahrheit, und die Anerkennung derselben heißt Glaube.

Wie aber das als göttlich Erkannte nicht eine bloße ideale Wahrheit des Denkens, sondern eine reale ist, so steht der Mensch oder ein Volk in Bezug auf dieß als göttlich Geschaute nicht in einem bloß idealen Verhältniß etwa des Denkens mit dem Gedachten, sondern in einer wirklichen und wechselseitigen lebendigen Verknüpfung und Verbindung. Jeder lebendige Verkehr ist aber geknüpft an ein gegenseitiges Geben und Empfangen, wodurch die beiden Glieder in der Gabe verbunden sind, und dieß ist auch hier der Fall. Mit diesen wechselseitigen Aeußerungen eines lebendigen Verkehrs beider Faktoren finden wir auch noch das Bewußtseyn eines abnormen Verhältnisses, das der Schuld, deren Aufhebung aber durch Reinigung und Sühnung einerseits, und Nachsicht und Verzeihung andererseits geschieht; so zwar, daß die Vermittlung auch die Aufhebung eines abnormen und die Herstellung des normalen Verhältnisses beider Glieder in sich schließt. Diese fortwährende Vermittlung des Menschen mit den Göttern spricht sich im Cultus aus, dessen Wesen und Kern die Opfer sind. Bitte und Dank sowohl, wie Sühnung und Genugthuung einerseits — Gewährung der Bitte, Segen und Wohlgefallen, wie auch Nachsicht und Verzeihung von Seite der Götter andererseits — all dieß knüpft sich an die Idee der Opfer, und sie sind es, die den lebendigen Verkehr der Menschen mit den Göttern unterhalten, sie bedingen das Einzeln- wie Gesammtleben; sie erscheinen als wirklich versöhnend, als Aufhebung

einer Schuld, die das Bewußtseyn drückt *); und eben deß=
halb, weil die Götterwelt für's Bewußtseyn eine nur zu ge=
waltige Realität ist, fühlt das Bewußtseyn sich unwillkühr=
lich genöthigt, im Cultus sich zu äussern, und dieß hat alle
seine verschiedenen Formen hervorgetrieben, und sohin ist der
Cultus die nothwendige Aeusserung jenes Glaubens. So wie
aber Menschen dasselbe Göttliche anerkennen, sich von ihm
im Bewußtseyn ergriffen und bestimmt fühlen, und wie stets
eine Vermittlung beider durch den Cultus hergestellt wird, so
erscheinen sie hieburch auch unter sich zu Einer Gemeinschaft,
zu einem lebendigen Organism vereint und verbunden, sie
bilden um die Götter her eine Familie; weil sie essen an
einem Tische mit den Göttern bei dem Opfer, sind sie von
ein und demselben Lebensprinzipe durchdrungen, der ein und
denselben bestimmten Charakter ihnen einprägt, sie bilden so
ein Volk, und so sind sie in bestimmten Gliederungen und
Ordnungen zu einander gestellt, stehen unter sich wie zur
Gesammtheit in einem bestimmten Verhältniß, wenn man
will, von Gesetzen und Pflichten, deren Aufrechthaltung und
Uebung als Pietät erscheint. Auf diese Weise offenbart sich
die Religion nach Aussen als religiöse Gemeinde.

Nach dieser dreifachen Richtung hin stellt sich also alle
Religion dar; soll daher der religiöse Zustand eines Volkes
betrachtet werden, so muß es nach diesen drei Seiten hin ge=
schehen. Jeder Zustand, und so auch der religiöse, kann aber
gut oder schlecht seyn; gut ist der religiöse Zustand eines

---

*) Die Alten sagen dieß vielfach; a. e. Ovid. Fast. V. 299.
Saepe Deos aliquis peccando fecit iniquos,
Et pro delictis hostia blanda fuit.
Saepe Jovem vidi, cum jam sua mittere vellet
Fulmina, thure dato sustinuisse manum.
Der alte Herakleitus nennt sie eine Arznei für die Seele. S.
Schleiermacher sämmtl. Werke. II. 78—70. Saubert. de sa-
crificiis veterum pag. 3.

1*

Volkes dann, wenn das Göttliche stets anerkannt, über allen Zweifel erhoben ist, wenn durch die Vermittlung des Menschen mit dem Göttlichen der lebendige Wechselverkehr beider fortwährend bleibt, und hiedurch die Glieder der religiösen Gemeinde in diesem Gemeinleben sich beschlossen finden, und jedes für sich das Gesammtleben in sich abspiegelt.

Ist aber dieses nicht der Fall, so ist der Zustand schlecht, und die Religion ist in Verfall.

Es frägt sich daher:

1) inwiefern das Göttliche als wirklich und wahr anerkannt wird, oder nicht. Im letzteren Falle wird Zweifel und Unglaube an die Stelle treten, und die früher unbezweifelte Wahrheit als dahin gestellt oder als nichtig und als Aberglaube erscheinen;

2) ob die Vermittlung des Menschen mit dem Göttlichen fortdauert, oder nicht. Ist der Glaube erloschen, so wird natürlich auch der Cultus das gleiche Schicksal theilen, oder nur als sinnlose Ceremonie fortbestehen. Der Mensch wird dann ein Bedürfniß der wirklichen Sühnung einer Schuld entweder durch Genuß betäuben, oder selbes durch moralische Abstraktionen zu beschwichtigen suchen, oder es wird das Bewußtseyn der Schuld anderwärts in fremden Culten Sühnung verlangen, und wenn auch diese nicht genügen, in eine beständige Qual sich versetzt finden.

3) Handelt es sich auch darum, wie jene lebendige religiöse Gemeinschaft fortdauert, wie jene Institutionen noch in lebendiger Wirksamkeit sind, ob in jedem einzelnen Individuum das Gesammtleben sich abspiegelt oder nicht. Ist das Letztere der Fall, so erscheinen alle alten Institutionen in Verfall, das Leben ist gewichen, das die Individuen zur Gesammtheit verband, jene innere, höhere Einheit hat aufgehört, das allvereinende Band zu seyn; die Individuen lösen sich von der Ein-

heit, und suchen jedes für sich sich auszusprechen, und es wird höchstens eine äussere Einheit, gehalten durch äussere Macht und Gewalt und Interessen, noch übrig bleiben.

Nach diesen drei Richtungen müssen wir auch den religiösen Zustand Roms am Ende der alten Welt betrachten.

Die Religion der alten Welt ist aber in jener Zeit allerwärts in der vollsten Auflösung begriffen. Diese Religion ist das Heidenthum, Vielgötterei, und insofern als der Monotheism des Christenthums die wahre Religion ist — falsche Religion.

Wir finden aber nun die Vielheit der Götter einem Ursprung und Werden, einer Entwicklung so wie einem Untergange unterworfen, sie sind in der Zeit geworden, ihre Geburten, und sohin sind sie auch dem Verfalle hingegeben; ein Göttergeschlecht nach dem andern ist untergegangen, und auch das letzte, das der Zeusherrschaft, muß fallen, und zwar am schnellsten, schmählichsten, so hat es der gefesselte Titan verkündet, er, der es selbst von seiner Mutter Gaia Themis vernommen. Der Fluch, den Kronos bei seinem Sturz dem jüngsten Geschlecht geflucht, er erscheint in jener Zeit, die wir betrachten, erfüllt.

Ehedem in alter Zeit, als die Völker geworden, hat die Götterwelt in ihrer Macht gewaltet, das Bewußtseyn des Menschen gefesselt und es erfüllt; es war eine furchtbare Macht, der die Menschen, der die Völker nicht zu widerstehen vermochten, und von der sie getrieben alle Opfer brachten, selbst alle Gräuel aus religiösem Drange übten. Damals war aber noch Religion unter den Sterblichen, die Götter waren eine Gewißheit für sie, eine Wirklichkeit, ihnen brachten sie Gaben und Opfer, von ihnen erhielten sie Verzeihung, Gaben und Segen, wie auch ihr Fluch sie traf und verfolgte, wenn sie gefrevelt; damals bildeten sie noch eine Familie mit ihren Göttern, sie bildeten ein Volk, und alle fanden sich verbunden durch heilige Scheu und Frömmigkeit. Allein am Ende der alten Welt hatte jene furchtbare und aber gleichwohl heilige Gewalt nachgelassen, das Bewußtseyn war jener Bande ledig worden, der Mensch erwacht aus dem Traum der Götterwelt, die Göttergestalten sind ihm entschwunden, er wird gleichgiltig gegen sie, er achtet ihrer nicht mehr, er zweifelt — er verwirft sie; aber hiemit brechen herein alle Laster und alle Gottlosigkeit,· ohne Gerechtigkeit, ohne Scham sind die Menschen. Die Nemesis und die Scham verlassen die Erde; zurückbleibt nur dem Sterblichen das Unheil, und kein Heilmittel ist mehr gegen das Böse *). Das ist jene Zeit des eisernen Geschlechts; — allein auch da ist Gutes gemischt mit dem Bösen, wie der Dichter sagt **). Es ist die Freiheit, die der Mensch erhalten, jenes Erwachen aus der alten grau-·sen Täuschung, der Mensch war sich selbst wieder gegeben, er fand sich unabhängig von jener alten Macht, die ehedem das Bewußtseyn gefesselt.

Jene Götterwelt und ihre Geschichte war die Urge-schichte der Völker selbst; mit der Gewalt der Nothwendig-keit waren sie an ihre Götter gefesselt. Es frägt sich jedoch, welche Gewalt dieß sei? Nur berühren, nicht lösen wollen wir diese Frage.

. Wir finden bei der Betrachtung der Mythologie nicht bloß eine Geschichte der Götter, in der sie sich in bestimmten Herrschaften folgten, sondern auch eine Parallele der Götter-geschichte mit der der Natur. Sind nun diese Götter etwa dadurch entstanden, daß die Menschheit von der Betrachtung der Natur und ihrer Kräfte, aus Furcht und Scheu die Na-tur und ihre Kräfte personificirte, von dem Einen Gott hin-wegsah, und hinblickend auf die Vielheit der Dinge so durch Reflexion das Göttliche, wie es sich in der Natur offenbarte, in diesem oder jenem Momente gleichsam festhielt, und statt

---

*) Hesiod ἔργα καὶ ἡμέραι 200.
**) Hes. l. c. V. 179.

den Einen sich in der Natur offenbarenden Gott anzuerkennen, gleichsam in der Betrachtung der Natur, überwältigt
von den äussern Erscheinungen, sich verlor, und erst allmählig sich zu geistigerer Anschauung herangebildet?

Allein diese Entstehung dünkt mir zu harmlos und unschuldig — unschuldig, weil man voraussetzen muß, daß der
Mensch ganz unbehilflich und geistlos in jener Zeit gewesen, und unmöglich jene Macht und Gewalt erklärt werden
kann, die die Göttergebilde auf ihn ausgeübt, und in der
er die größten Werke der Baukunst ausgeführt, die ihn zu
allem Großen, das die alte Welt hervorgebracht, wie zu allem Gräuel des Heidenthums getrieben. Solch ein harmlo-
fes kindisches Vergehen hat jener grause Fluch nicht treffen
können, der auf dem ganzen Heidenthume lag.

In keinem Falle sind die Götter Erzeugnisse der Reflexion, und schon der Umstand, daß die Götterwelt sich so sehr
unserem reflexiven Denken (und wir haben es hierin doch
sehr weit gebracht) entzogen hat, möchte ein Fingerzeig seyn,
daß die Mythologie nicht den gleichen Grund der Entstehung
haben könne. Dasselbe gilt von der euemeristischen Erklärung,
als seien die Götter nur vergötterte Menschen. So stupid
war das Alterthum nicht, und gesetzt auch, es wäre so, dann
blieben eben seine Werke das größte Wunder. Ausserdem
wäre die Mythologie zu sehr Produkt des Zufalls, der Laune
und der Willkühr, während wir in der Mythologie doch eine
Ordnung, eine Entwicklung, überhaupt eine Geschichte sehen.

Thatsache ist es, daß ein bestimmtes Volk wesentlich
mit seiner Göttergeschichte als solches gesetzt sei, ja seine Entstehung und seine erste Geschichte fällt mit der seiner Götter
zusammen. Dieß haben schon die Alten erkannt. Durch sein
besonderes Bewußtseyn unterscheidet sich aber jedes Volk von
dem andern; also ist es dieß oder jenes Volk durch sein
Bewußtseyn geworden. Der innerste und erste Inhalt
des Bewußtseyns eines Volkes sind aber die Götter; es ist

also durch seine bestimmten Götter geworden, durch sie ist es selbst entstanden, und so einer Entwicklung unterworfen. Vor es dieses oder jenes bestimmte Bewußtseyn geworden, ist es also ausser sich versetzt, metastasirt; der Mensch ist da nicht mehr er selbst, er ist ausser sich. In diesem seinen Aussersichseyn kann er zunächst nur in die Welt und die Natur versetzt seyn, vom Naturgeist getrieben und gebunden werden, wobei eine andere geistige Macht allerdings noch nicht ausgeschlossen ist. So vom Naturgeist überwältigt ist er gleichsam in die Natur und in die Welt verzückt. Der Mensch aber als zum Bild und Gleichniß Gottes geschaffen, ist ursprünglich sich Gottes bewußt, er ist aber auch nach rückwärts der einende Punkt der ganzen Natur, in ihm ist sie selbst zu sich gekommen, weil er in Gott ist, und die Gottheit sich in ihm in ihrer Ganzheit abspiegelt. Aber aus jener Einheit, aus jenem Centrum gefallen, hat er jene Einheit und Geistigkeit, jenes Beisich- und Beigott-Seyn verloren, und ist hingegeben dem Aussersich-Seyn, also der Naturmacht. Doch er soll auch da wieder zu sich kommen, und dieß kann nur geschehen in Weise der Naturentwicklung selbst; er hat seine Einheit verloren, und ist so in seinem Bewußtseyn an die Natur gebunden, und erst allmählig kann er aus seinem Aussersichseyn in der Natur wieder zu sich kommen; dabei wird er aber den Momenten der Naturentwicklung selbst unterworfen seyn. Weil aber auch in der Natur Gott sich offenbart, auch in ihr gewaltet und gewirkt, und er so zwar in jedem Dinge, in jedem ihrer Momente offenbar ist, aber nicht in seiner Ganzheit, sondern nur theilweise im Bilde erkannt werden kann, der Mensch aber nicht völlig von Gott losgetrennt seyn kann, so sieht sein in die Natur versetztes und ihrem Geist unterworfenes Bewußtseyn in den vorgeführten Gestalten zwar nicht den Einen und wahren Gott, weil er über aller Natur ist, aber eine Vielheit von Göttern eben nach den Momenten seiner Offenbarung in der Natur,

d. h. es vertauschte die Herrlichkeit des Einen unvergänglichen Gottes mit dem Gleichniß und Bilde.

Hieraus erklärt sich auch jene Macht, welche die Mythologie auf's Bewußtseyn ausübte; es ist eine nöthigende Gewalt, der zu widerstehen es einer höheren Macht bedurfte, und die den Menschen auch geboten war in der Verheißung, der sie glauben sollten. Bei den Hebräern sehen wir jene höhere Macht, und sohin jene höhere, ja übernatürliche Religion der Offenbarung, wodurch das Heidenthum aufgehalten, ja unterdrückt worden wäre. Allein der Menschen Dichten und Trachten war zum Bösen geneigt von Jugend auf; die Völker haben im Unglauben sich verschlossen, und vom Taumelkelche Babels getrunken: dieser hat sie berauscht, und berauscht vom Glühwein der Verführung ging jedes seinen Weg, Gott suchend, ob es ihn tasten und finden möchte. Jedenfalls hängen aber auch diese psychologischen Vorgänge mit physiologischen zusammen.

So erscheint die Mythologie als Naturreligion, wenn auch in einem andern Sinne als den oft gebrauchten rationalen. Hiemit ist aber nicht im Mindesten die Nothwendigkeit des Heidenthums behauptet, oder seine Natürlichkeit in dem Sinne, als sei es ein nothwendiger Durchgangspunkt der Entwicklung des Menschengeschlechts, eine successive Naturentwicklung, als deren Gipfelpunkt dann das Christenthum erscheint. Nicht in dieser Weise ist das Heidenthum als Naturreligion von uns genommen; denn es ist noch nichts über die Ursache ausgesagt, und es kann die Ursache eine freie, ja sogar eine widernatürliche seyn, und doch der Erfolg einen nothwendigen und sohin natürlichen Verlauf nehmen. Wenn also der Mensch im Heidenthume in die Natur und Welt versetzt erscheint, und ihrer Macht unterworfen ist, und wenn dieß durch seine Schuld geschah, und er sohin in einen Zustand geräth, in welchem er sich nicht befinden sollte, und dieses Versetztseyn in Betracht seiner Bestimmung ihm

sogar widernatürlich ist, so kann doch die Geschichte und der
Verlauf deffen, was durch die Ursache gesetzt wurde, eine
nothwendige und natürliche Folge und Entwicklung seyn, und
das Heidenthum so formell und materiell Naturreligion ge-
nannt werden, in welcher der Mensch dem Geiste dieser Welt
gedient: formell, weil es natürlich und nothwendig ist,
nach vorausgesetzten Prämissen; materiell, wenn die Prämissen das Bewußtseyn auffer seine Einheit — in die Natur
versetzen. Jedenfalls ist aber die Ursache des Aufsersichkom-
mens eine Verschuldung, sobald der Mensch frei ist, und sie
wächst um so mehr, wenn ihm ein Mittel geboten war, jenes ausgekommene wilde Feuer zu löschen, in der Verheißung nämlich, die er im Glauben hätte aufnehmen sollen.

Durch eine Behauptung aber, gemäß welcher das Heidenthum keine Entwicklung, und sohin keine Geschichte wäre,
würde die ganze alte Welt unter den Zufall und die blinde
Willkühr gestellt, und die über aller Geschichte schwebende
Vorsehung ausgeschloffen werden: und doch hat das Licht
in die Finsterniß geleuchtet, wenn auch die Finsterniß es
nicht begriffen — und doch war der Sproffe aus Jakobs
Geschlecht auch die Erwartung der Völker.

Das Heidenthum hat aber eben in jener Zeit, die wir
in Rom betrachten wollen, sein Ende gefunden; doch nur
darum, weil es eine Geschichte, eine Entwicklung ist; denn
was keine Geschichte und Entwicklung hat, das hat auch
kein Ende und kein Ziel. Der Mensch, allen Formen und
Gestalten der Natur in seinem Bewußtseyn unterworfen, kam
endlich zu sich selbst, er erwachte aus seinem Göttertraum,
und die Götterwelt mußte sohin ihm äußerlich objektiv werden als eine Vergangenheit. Dadurch von jener Macht be-
freit, oder vielmehr von ihr gelöst, und sohin ihr gegenüber
los, mußte er seiner selbst mächtig werden. Hiemit war aber
eine andere Zeit eingetreten. War die frühere Zeit die der
Religion, so folgte jetzt ihre Auflösung; die alten Gestalten

verloren ihre Macht, Zeus konnte nicht länger mehr das Bewußtseyn fesseln, unwirksam waren die Opfer, der Mensch hatte sich selbst erhalten, sollte sich sohin selbst genügen; gelöst von den Naturmächten, mußte auch das religiöse Band der Gemeinde zerrissen werden, wie wir es am Ende der alten Welt erblicken. So erscheint jene Zeit als Folge der Vergangenheit, als ihr Ende. Ob aber aus jener Auflösung eine neue Entwicklung, eine neue Geschichte hervorgehen konnte, das ist eine andere Frage; die Geschichte zeigt, daß aus jener Auflösung keine neue Zeit aus eigener Kraft und mit eigenem Prinzip sich entwickeln konnte. Sohin gab es allerdings für das Heidenthum als solches in jener Zeit keine Zukunft, keine Geschichte mehr, allein eben eine andere ganz neue Zeit mit einem neuen Prinzipe, das bisher der Welt noch fremd war, sollte beginnen, und man kann hieraus wohl schließen, inwiefern jener Verfall der alten Religion ein Unglück war für die Zeit, da alle religiösen und moralischen Bande zerrissen, wie aber auch anderseits es gut und nothwendig gewesen, daß es bis dahin gekommen, da der Mensch bei eingetretener Zeitenfülle zu sich selbst gekommen mit Freiheit, und um so leichter das lebendige Wort der Freiheit in sich aufnehmen konnte.

Dieß im Kurzen als Einleitung des Folgenden. Allerdings nur ein Abriß eines Abrisses; denn die hier ausgesprochenen Gedanken sind nur aphoristisch hingestellt; sie bedürften erst einer eigentlichen Ausführung. Die Darstellung der Nothwendigkeit, wie es dahin kommen mußte, so wie der eigentliche Endzweck jenes Zustandes, und wie er der weitern Entwicklung der Geschichte gedienet, wäre der andere Theil dessen, was wir uns vorgesetzt, während das Folgende selbst nur ein Abschnitt der Schilderung des Zustandes ist, da nothwendig auch noch gezeigt werden müßte, wie der Verlust des Alten zu ersetzen gesucht ward; doch dieß wie das Obige wird, so Gott Segen und Gesundheit leiht, ein

andersmal geschehen. Für jetzt wollen wir nur die wesent-
lichsten Seiten, in denen der Verfall der römischen Religion
sich ausspricht, zu schildern versuchen.

Hiebei kann ich aber nicht umhin, meinen Lehrern, den
HH. v. Görres und v. Schelling, die mich in dieß dunkle
Gebiet eingeführt, und deren Spuren ich in meinem Stu-
dium vielfach gefolgt bin, hier meinen herzlichsten Dank auszusprechen.

Literatur.

Hartung. Die Religion der Römer.

Tzschirner. Der Fall des Heidenthums.

Von den Spuren der Hierarchie und des ascetischen Le-
bens in der Religion und den Mysterien der Griechen und Römer.
Neue Bibliothek der schönen Wissenschaften und freien Künste. Bd.
69, 70. Leipzig, 1804.

Tholuck. Ueber das Wesen und den sittlichen Einfluß des Heidenthums, besonders unter Griechen und Römern, mit Hinsicht auf
das Christenthum.

Meiners Geschichte des Verfalls der Sitten der Römer.

Memoires sur l'état moral et religion de la société ro-
maine à l'époque de l'apparition du Christianisme par M. Fi-
lon. Enthalten in den Memoires de l'academie royale des scien-
ces morales et politiques de l'institut de France. Tome I.
Paris 1841. pag. 769—842.

Zeitschrift für Theologie rc. Herausgegeben von Hug, Hir-
scher rc. 7r Bd. 2s Hft. 446—473.

1. Verfall des Glaubens.

Bei allen Völkern der alten Welt waren, wie gesagt, die Götter wirkliche Mächte, die das ganze innere und äussere Leben derselben bestimmten. Nicht von Aussen hatten sie dieselben erhalten durch eine blosse äußere Annahme, sondern sie waren ihnen etwas Erlebtes und beständig fort im Leben Wirkendes; und ihre Geschichte hängt mit der ihrer Götter auf's Innigste zusammen. So auch in ihrer Weise bei den Römern. Nach der Götter Ausspruch hatten sie die Stadt gegründet, ihre Geschichte begonnen und fortgeführt. So war die Ueberzeugung von ihrem Daseyn wie von ihrer engen Verbindung mit den Menschen mächtig und keinem Zweifel unterworfen, und bestimmte all ihr Thun und Lassen. „Damals", sagt Livius *) bei Gelegenheit der Beilegung der Streitigkeiten wegen der lex Terentilla (a. u. c. 294) „war noch keine solche Geringschätzung der Götter wie jetzt hereingebrochen, noch drehte Keiner Gesetze und Eid nach seinem eigenen Vortheile, sondern es richtete vielmehr Jeder seine Sitten nach ihnen ein."

Aber schon gegen das Ende des zweiten punischen Krieges sehen wir es anders werden. Cicero erzählt, wie bereits Ennius unter grossem Beifalle des Volkes öffentlich den Satz aussprechen konnte:

---

*) III. 20.

„daß es ein Geschlecht himmlischer Götter gebe, habe
ich immer behauptet, und werde es behaupten, allein
ich glaube, daß sie sich nicht kümmern um das, was
thue der Menschen Geschlecht." *)

Konnte bereits damals am Anfange des zweiten Jahr=
hunderts vor unserer Zeitrechnung eine solche Denkweise Ein=
gang und Beifall finden, so mußte in Folge der Zeiten und
der Ereignisse, in welchen die Römer immer mehr und mehr
aus ihrer nächsten Umgebung und ihrem Ideenkreise heraus=
traten, und mit fremden Religionen und namentlich mit der
griechischen Philosophie bekannt wurden, der Zweifel und der
Unglaube gleichfalls immer mehr um sich greifen. Der Glaube
an die Götter kam immer mehr in's Schwanken, man ward

, und schrieb seine An=

alten Götterglauben wieder

ter den Römern, hatte selbst nicht mehr, wie alle Ge=
bildeten der damaligen Zeit, den alten ächten Römerglauben;
er wie die übrigen stellten sich auf den sogenannten philoso=
phischen Standpunkt, nach welchem das Wesentliche, d. h.

---

*) Cic. div. II. 50.

**) I. 3.

das Geschichtliche der Götter als Mythe oder Fabel betrachtet, und es auf mancherlei Weise zu erklären versucht wurde.
Sie unterschieden daher mit dem gelehrten Ober = Pontifex
Scaevola eine dreifache Religion: 1) die mythische oder
poetische, welche sie verwarfen, weil in ihr Vieles von
den Göttern ausgesagt sei, was ihrer unwürdig und von den
Dichtern ihnen angedichtet sei; 2) die philosophische, die
aber dem Volke unbekannt bleiben sollte, weil sie viel Unnü-
tzes oder gar Schädliches enthalte, obwohl sie an sich wahr
sei; 3) endlich die bürgerliche, die sie dem Volke em-
pfahlen, oder wie Varro sagt *): „die dritte Gattung ist die-
jenige, welche in den Städten die Bürger, am meisten aber
die Priester kennen und ausüben müssen, wozu gehöre, welche
Götter öffentlich zu verehren, welche heilige Gebräuche und
Opfer jedem Einzelnen angehören. Die poetische Theologie
sei am meisten geeignet für das Theater, die philosophische
für die Welt, die dritte für den Staat." Daraus sehen wir,
daß Varro mit vielen Andern das eigentlich Geschichtliche
ihrer Götterwelt, welches doch das Wesentliche ist, als Fabelwerk betrachtete, wie z. B. ihre Entstehung, ihr Leben,
ihre Leiden, ihre Thaten, die sie auf der Erde vollbrachten.
Zwar handelte die philosophische Theologie auch von ihrer
Entstehung, wie z. B. darüber, ob sie aus Feuer, wie Hera-
kleitos glaubte, oder aus Zahlen, wie Pythagoras, oder aus
Atomen wie Epikur meinte, entstanden seien **); allein diese
Anschauung ihrer Entstehung war dem ursprünglichen Glauben geradezu entgegengesetzt, und konnte gegenüber dem Volke
selbes nur verwirren und noch mehr zu seinem Unglauben
beitragen. Daher wollten die Gebildeten die alte Religion
beim Volke wohl aufrecht erhalten, allein nur die praktische

---

*) Sct. Augustin. C. D. VI. 5. (M. T. Varronis opera om-
nia quae exstant. Dordrechti 1619 fragment... p. 31.)

**) Varro l. c.

Sekte derselben geübt wissen, wie es noch jetzt so häufig unsere Christenthumsfabrikanten machen. Statt der Geschichte der Götter verlangten sie nur ihre Kenntniß, welche und was für Götter es gebe, also nur mehr eine Götterlehre.

Den Unglauben, das Verkommen und das Deuten des alten Glaubens erblicken wir allerwärts. So läßt Cicero den Stoiker in seinem Werke über die Natur der Götter *), nachdem er nachzuweisen suchte, daß die Dankbarkeit der Menschen für empfangene Wohlthaten diese Wohlthaten selber zu Göttern gemacht habe, sagen: „Seht ihr also, wie die Vernunft von gut und zweckmässig gefundenen physischen Erscheinungen hinweg, und zu erdichteten und erträumten Gottheiten gekommen sei. Und dieß erzeugte falsche Meinungen, verwirrende Irrthümer, fast altweibischen Aberglauben; und daher sind uns die Gestalten, das Alter, die Kleidung und der Schmuck der Götter bekannt; überdieß ihre Abstammung, ihre Vermählungen, Verwandtschaften, und alles was Aehnlichkeit mit menschlichen Schwächen hat. Man führt sie uns vor in leidenschaftlicher Aufregung und verwirrten Gemüthes, man erzählt uns von ihren Begierden, ihren Schwächen und ihrem Groll; nicht minder fehlten ihnen nach der Mythengeschichte Kriege und Schlachten, und nicht bloß in der Weise, daß wie bei Homer zwei feindliche Heere von verschiedenen Göttern gegenseitig vertheidigt wurden, sondern sie führten auch wie mit den Titanen und Giganten unter sich eigne Kriege. Und die Sage und der Glaube daran ist nicht minder thöricht, als voll von Aberwitz und Seichtigkeit." Auf diese Weise ward das Wesen der alten Religion, das Geschichtliche der Götter zu beseitigen gesucht, die Geschichte entweder als Einkleidung von Naturerscheinungen, wie von den Stoikern, oder als Einkleidung äußerer historischer Begebenheiten gedeutet, wie von den Epikuräern. Es ist also

---

*) de Nat. Deor. II. 28.

also durchgehends der subjektive Standpunkt, der nun durch das philosophische System, dem der eine oder der andere anhieng, sich in Bezug auf die Auffassung der Götter in veränderter Gestalt zeigte. Alle waren aber darin einig, daß die Vorzeit in Vielem in Irrthum befangen gewesen *), und vieles aus jener Zeit als roh erschien **), und man suchte es auch der Volksmeinung wegen und um des Nutzens der Republik Willen aufrecht zu erhalten. So war es damals um den Glauben an die Götter beschaffen. Sie hatten die Macht, die sie früher auf das Bewußtseyn des Menschen geübt, verloren, und der Mensch erkannte sie nicht mehr als das an, was sie ihm früher gewesen; denn Erfahrung, Aufklärung und die Jahrhunderte haben die Veränderung herbeigeführt * *).

Die Götter selbst waren so für's damalige Bewußtseyn nur mehr eine bezweifelte Wahrheit, bloß etwas äußerlich Daseyendes, ihre Geschichte war verschollen und als eitel Fabelwerk erklärt; das, was sie dem Bewußtseyn waren, hatten sie aufgehört zu seyn, die Ueberzeugung war gewichen.

2. Verfall des Cultus.

Wo aber der Glaube an die Götter seine Macht über das Bewußtseyn auszuüben nachgelassen, da muß nothwendig auch der Götter Cultus in Verfall gerathen. Kam der alte

---

*) Cicero de Div. II. 33. Errabat enim multis in rebus antiquitas: quam vel usu jam vel doctrina, vel vetustate immutatam videmus: retinetur autem et ad opinionem vulgi, et ad magnas utilitates reip. mos, religio, disciplina, jus augurum, collegii auctoritas.

**) Tacitus Annales IV, 16. Sicut Augustus quaedam ex horridâ illâ antiquitate ad praesentem usum flexisset.

***) Cic. l. c., Livius XXV. 1.

Glaube an die Götter in's Schwanken, so muß desgleichen ihre Einwirkung, die durch den Cultus bewerkstelligt ward, in Mißachtung kommen.

Als Mittelpunkt des Cultus erscheinen, wie gesagt, bei allen Völkern die Opfer; sie sind das die Götterwelt mit dem Menschen Verbindende. Sie hatten in alter religiöser Anschauung durchgehends eine reelle Bedeutung, durch welche fortwährend die Verbindung des Menschen mit dem Göttlichen geschah. Die Schuld, deren der Mensch sich gegen die Götter bewußt ist, wird getilgt, und er kommt wieder zu den Göttern in die rechte Stellung. An sie knüpfte sich dann die Erforschung des Willens der Götter und dessen Offenbarung, die bei den Römern durch die Haruspicien, durch die Augurien u. s. w. geschah. All dieß hat bei allen Völkern des Alterthums, vorzüglich aber bei den Römern, das ganze öffentliche wie Privatleben, den Krieg wie den Frieden, das Forum der Gesammtheit, wie das Haus jedes Einzelnen durchdrungen. In früheren Zeiten, als noch der religiöse Geist die Völker belebte, fielen daher die Opfer sehr kostbar aus. Reichlich waren die Opfer der Götter auch bei den Römern im Verhältniß zur häuslichen Sparsamkeit *), obwohl gemäß der XII Tafeln, Gold, Silber und Elfenbein zu opfern, ein Maaß seyn, und Schätze entfernt bleiben sollten **). In den letzten Zeiten der Republik aber wurden die Götter, obgleich der Reichthum und der Luxus immer mehr zunahm, und die Schätze sich häuften, nur mit spärlichen Gaben bedacht; nur mit Gaben einfacher, armer Feldbauer wurden sie bescheert, auf altmodischen, hölzernen Tischen in kupfernen und bleiernen Bechern ***), was sehr

---

*) Sallust. Cat. 9. in suppliciis Deorum magnifici, domi parci.

**) Cic. de leg. II. 8. opis amovento; θ auri, argenti, eboris sacrandi modus esto.

***) Dionys. Hali II. 23. Ἐγὼ γοῦν ἐθασάμην ἐν ἱεραῖς δεκάταις δεῖπνα προκείμενα θεοῖς, ἐν τραπέζαις ξυλλίνοις ἀρχαϊκαῖς,

abfach zur prunkenden Einrichtung der Häuser und Palä-
fte *). Allein hier hat sich die alte simplicitas romana
erhalten, während sie in allen andern Verhältnissen und Erscheinungen längst verloren war.

Wie die Opfer, so wurden auch die Tempel und die
Götterbilder vernachläßigt, weßhalb Horatius **) zorneifrig
feine Ode an die Römer schrieb:

> „O Römer, schuldlos büßest Vergehen Du
> Der Ahnen, bis daß wieder erbauest neu
> Der Götter Tempel, Heiligthümer,
> Altar und Bilder, geschwärzt vom Rauche."

Wurden die Opfergaben geringer, ja wurden sie selbst bei
öffentlichen Angelegenheiten vernachläßigt, ja sogar durch die
Oberpriester ***), wie denn Julius Cäsar, obwohl Ober-Pon-
tifer, ohne Opferschau und Zeichendeutung feine sämmtlichen
Kriege führte †), so gerieth auch ihre Bedeutung in Verfall.
Ihre reelle Wirkung wurde nicht mehr anerkannt, und das
was sie wirken sollten, nur in ein frommes Leben und in die
Gesinnung gesetzt, ein Zeichen, wie sehr sie dem Bewußtseyn
äußerlich geworden. Varro hatte die Opfer, wie uns Arno-
bius erzählt ††), für völlig unnöthig gehalten: „Man brauche
den Göttern nicht zu opfern, weil wahre Götter Opfer weder wünschen noch fordern. Götter aber aus Erz, Thon,
Gyps oder Marmor gebildet, kümmern sich um diese noch

ἐν κανοῖς καὶ πινακίσκοις κεραμίοις ἀλφίτων μάζας, καὶ πό-
πανα, καὶ ζίας, καὶ καρπῶν τινων ἀπαρχὰς, καὶ ἄλλα τοι-
αῦτα λιτὰ καὶ εὐδάπανα καὶ πάσης ἀπειροκαλίας ἀπηλλαγ-
μένα κ. τ, λ. Vergl. Athenäus VI. 274, 107.

*) Vgl. Meiner's Verfall der Sitten. Sallust. Cat. 10, 11.
**) III. 6.
***) Cicero de leg. II. 12.... „Quod, institutum perite a
Numa, posteriorum pontificum negligentia dissolutum
est". Cap. 16. u. 17.
†) Hartung, I., 259. Suet. Caes. 77 u. 81.
††) VII. 1.

weniger, denn fie haben keine Empfindung, und man kontra=
hire weder eine Schuld, wenn man felbe nicht verrichte, noch
erhalte man eine Gnabe, wenn man fie vollbringe" *). Diefe
bloß moralifche Auffaffung findet fich auch bei Lucretius **),
Perfius ***), namentlich bei Seneca †). Nicht die Schlacht=
opfer, fagt der lettere, ehren die Götter, fondern der rechte
und fromme Wille derer, die fie verehren. Die Guten find
religiös auch mit einem Kalbe und einem Brei, die Böfen
aber bleiben gottlos, felbft wenn fie die Altäre mit Blut
roth färben. Ober anderwärts: Gott verehrt derjenige, der
ihn erkennt. Und im 95ften Brief: „Du willft die Götter
verföhnen, fei fromm! Derjenige verehrt fie genug, welcher
fie nachahmt" ††).

Hat aber fo der Mittelpunkt des Cultus feine Bedeu=
tung verloren, fo muß daffelbe um fo mehr bei den übrigen
religiöfen Gebräuchen der Fall gewefen feyn, wie denn Cicero
alle Weiffagungen insgefammt angreift, die Harufpicien wie
die Aufpicien, und die übrigen Arten derfelben †††). Bereits
im erften punifchen Kriege hatte Publius Claudius die Hüh=

---

*) Schon Aristoteles faßt die Opfer in gleicher Weife, wenn er
(Rhet. II.) fagt: es ziemt fich nicht, durch Opfermahle die
Götter erfreuen zu wollen, fondern vielmehr durch die Fröm=
migkeit der Opfernden.

**) De Rer. Nat. V. 1197 ... Sed mage pecata posse om-
nia mente fueri.

***) Sat. II. 61.
Qum damus id superis, de magna quod dare lance
Non possit magni Messalae lippa propago,
Compositam jus fasque animo sanctosque recessus
Mentis, et incoctum generoso pectus honesto,
Haec cedo ut admoveam templis, et farre litabo.

†) de benef. I. 6.

††) Cic. de leg. II. 10; ... „animi labes nec diuturnitate
evanescere, nec amnibus ullis elui potest."

†††) Cic. de Div. II.

ner, da sie nicht fressen wollten, in's Meer werfen lassen, damit sie tränken; und Junius, sein Amtsgenosse, war ihm in Verachtung der Auspicien gefolgt. Wenn aber auch damals nur einzelne es waren, die der Götter und ihres Dienstes spotteten, so mußte, abgesehen von anderen Ursachen, dieser Unglaube bald mehr um sich greifen, so wie die Erfahrung zeigte, daß auch ohne die Götter zu fragen, glückliche Schlachten erfochten werden konnten. Und wenn auch Crassus gegen den Willen der Götter und Menschen *) eine ihm und dem Heere verderbliche Schlacht begonnen, so hinderte dieß den Julius Cäsar nicht, auch ohne Opferschau und Zeichendeutung alle seine Feinde zu besiegen **), obwohl er selbst zuletzt dem Schicksale erlegen, das die Zeichendeutung ihm voraus verkündet. Selbst die Priester und Opferdiener, Zeichendeuter glaubten nicht mehr daran, und es ist der Ausspruch des Cato bekannt, daß ein Haruspex, sobald er einem andern begegne, sich des Lachens nicht enthalten könne. Aber auch dem Volke genügte der alte Cultus und die alten Opfer nicht mehr, wie schon im zweiten punischen Kriege die wenigsten mehr nach vaterländischer Weise opferten ***). Cicero sagt daher †): „Seitdem durch die Nachlässigkeit des Adels die Wissenschaft des Auguriums unterlassen worden ist, ward auch die Wahrheit der Auspicien verachtet, und nur der Schein behalten. Daher werden auch die bedeutendsten Angelegenheiten der Republik, unter diesen die Kriege, von welchen doch das

---

*) Horat. Carm. II. 6; 7 — 10. . . .
  „Di multa neglecti dederunt
     Hesperiae mala luctuosae.
     Jam bis Monaeses et Pacori manus
     Non auspicatos contudit impetus
     Nostros,‟
**) Hart. I, 259.
***) Liv. XXV. 1.
†) de Nat. Deor. II. 3.

Heil des Staates abhängt, ohne Auspicien verwaltet *); es werden keine Perennien beobachtet, noch die Zeichen an den Spitzen, es werden keine Männer aufgerufen, seitdem im Begriffe der Schlacht die Testamente abgekommen. Die Feldherrn der Gegenwart fangen ihre Kriege jetzt dann zu führen an, wenn sie die Auspicien bei Seite gesetzt haben; bei unseren Ahnen dagegen war die Gewalt der Religion so groß, daß manche Feldherrn sich selbst sogar mit verhülltem Haupte und unter gewissen Worten den unsterblichen Göttern für das Heil der Republik weiheten" **). Hatten die Opfer so bei einem großen Theil des Römervolkes ihre Bedeutung verloren, so genügte bei denjenigen, die noch eine reale Vermittlung wollten, ihre Wirkung nicht mehr, und sie suchten daher diese Vermittlung in fremdem Cultus, der immer mehr um sich griff, und Rom zum Pantheon der Welt machte.

Dieß zeigt uns, daß den ersteren das Bewußtseyn, wenn auch nicht der Schuld, doch der Nothwendigkeit einer realen Vermittlung abhanden gekommen sei, und daß anderseits das Selbstgefühl des Menschen erwachte, nachdem die frühere Wirklichkeit ihm als unwirklich erschienen, weil er glaubte, daß die Götter sich nicht um die Menschen kümmern, oder wenigstens nicht in dem Verhältniß zu ihm stehen, wie das rohe Alterthum ***) dafür hielt; wir sehen aber auch bei andern das Bedürfniß eines realen Verhältnisses mit den Göttern nicht erloschen, sondern daß, da die bisherige.

---

*) Vergl. Dionys. H. II. 6; πέκανται δ'ἐν τοῖς καϑ'ἡμᾶς χρόνοις . πλὴν οἷον εἰϰών τις αὑτοῦ λείπεται, τῆς ὁσίας ταύτης ἕνεϰα γινομένη.

**) Circumf. Tacit. annal. XI. 15. Cicero de leg. II. 13. Sed dubium non est, quin haec disciplina et ars augurum, evanuerit, jam et vetustate et negligentia.

***) Tacitus Annalen IV. 16, ... ita medendum senatus decreto aut lege, sicut Augustus quaedam ex horrida illa antiquitate ad praesentem usum flexisset.

Weise dieses Verhältniß zu vermitteln als eitel sich gezeigt, anderwärts in fremdem Götterdienste Befriedigung gesucht ward. Das ist aber beiden gemein, daß das alte Verhältniß zu den Göttern für sie aufgehört habe, und ihre Trennung von dem, was sie bisher als göttlich erkannten, und mit dem sie auf's innigste verbunden waren, erfolgt sei.

----

3. Verfall der religiösen Gemeinde.

War der alte Glaube und der Cultus zum Aberglauben herabgesunken, so mußten nothwendig auch die Bande, welche die Römer zu einer religiösen Gemeinschaft einten, zerreissen. Allerdings konnte von einer Kirche im eigentlichen Sinne, gemäß welchem sie Eine ist, im Alterthume nicht die Rede seyn, denn zu bestimmt erscheint die Religion mit dem Begriffe des Volkes und des Staats verbunden, wie Cicero sagt *): „jeder Staat hat seine Religion". Allein dennoch läßt sich eine von der politischen gesonderte religiöse Gliederung mehr oder weniger überall nachweisen, wie denn auch die Römer zwischen den leges divinae und den leges magistratuum **) unterschieden; ja wir sehen sogar bei den ältesten Völkern das politische Moment vom religiösen überragt, und erst allmälig das erstere gegen das letztere sich entwickeln, obwohl es selbst in seinem Ursprunge durch und durch religiöse Bedeutung hat. So ward Rom unter religiösen Ceremonien gegründet, und um den die Heiligthümer der Stadt bergenden Tempel der Vesta her, hatte

----

*) pro Flacco. cap. 28. sua cuique civitati religio est, nostra nostri.

**) Cic. de legibus.

die Civitas romana sich erbaut, jeder Bürger hatte am heiligen Heerd = Feuer der Göttin die Flamme angezündet, und in den Penetralien seines Hauses sie geborgen, und es saß nun der Quirite mit der Lanze bewehrt als Hausvater, ihm gegenüber die Gattin Caja, die ihm durch die Confarreatio verbunden, am Heerde, und bildete mit den Kindern, der Clientel und den Sklaven, so die Familie, in welcher der Dominus fast unbedingte Gewalt hatte. Die Heiligthümer des Hauses waren es, die das innere Band der Familie webten, die Laren wie die Penaten waren es, denen der Hausherr als Oberpriester des Hauses diente; die Matrona war aber Priesterin und Hüterin des Feuers auf dem Haus= Altare *). Wie aber die Familie sich um die Sacra privata einte, so schlossen sich mehrere Familien um die Sacra gentilitia als Gens zusammen, wie die Gentes sich zum Populus romanus einten, dessen gemeinsames Heiligthum eben jenes heilige Heerdfeuer der Vesta war, in deren Tempel die Penaten der Stadt sich bargen. Wie aber so das religiöse Gemeinwesen in seiner religiösen Grundlage gefestet erscheint, so war es auch gegliedert durch bestimmte religiöse Institute. Unter diesen zeichneten sich vor Allen aus die Auguren, die Fetialen, die als Vertreter der Gerechtigkeit, wie Roma für die Völker Vertreterin seyn sollte, am Altare der Fides publica dienten, die ihren Altar im Tempel des Janus hatte, die Salier die zu Ehren des Mars den Waffentanz aufführten, die Flamines als die Priester der verschiedenen Gottheiten, und die Vestalinen, die das heilige Feuer wahrten **); den Schlußstein der ganzen religiösen Ordnung bildeten aber die Pontifices, an deren Spitze Numa

---

*) Hart. I., 221 u. s. w. Görres Weltlage. Hist. polit. Bl. II, 261 u. s. w. Klausen Aeneas und die Penaten II.
**) Liv. l. 19, 32; Plutarch Numa 12.

den Pontifex Marimus stellte; er übergab ihm nach Livius [*)]
alles, was in Bezug auf Religion und Gottesdienst aufge-
schrieben und verzeichnet war, welche Opferthiere, an welchen Tagen und in welchen Tempeln die Opfer dargebracht,
und woher die Kosten bestritten werden sollten. Auch all'
die übrigen öffentlichen und privatgottesdienstlichen
Handlungen unterstellte er der Aufsicht des Pontifex, auf
daß das Volk bei ihm sich Raths erholen könnte, damit nichts
vom göttlichen Recht durch Vernachläsigung der väterlichen
Gebräuche und Einführung fremder in Unordnung gebracht
würde. Alle übrigen Priesterschaften waren ihm untergeord-
net, selbst der Opferkönig [**)]; und der Oberpontifex konnte die
Dienste aller übrigen versehen, denn er ist Priester für alle
übrigen Götter [***)]. Sie hatten auch die Bestimmung über
die Anordnung der Leichenfeier, die Sühnung der Manen,
wie auch die Wunderzeichen anzuerkennen und zu besorgen [†)]
Sie sollten ferner keusch seyn [††)]; diejenigen, welche durch Lieb-
schaften sich verunreinigten, wurden vom Priesterthume nach
einem alten Ritus entfernt [†††)]. Sie sind frei von jeder
Strafe und Verantwortung, sie ergänzten sich durch eigne
Wahl, selbst bei der Wahl des Oberpontifex scheint das
Volk mehr nur ein sogenanntes Vorschlagsrecht gehabt zu

[*)] I. 20.
[**)] Siehe Klausen II. 925. Not. 1835.
[***)] Cic. de leg. II. 8, 20.
[†)] Vergl. Dionys. II. 73. εἰσὶ δὲ τῶν μεγίστων πραγμάτων
κύριοι . καὶ γὰρ δικάζουσιν οὗτοι τὰς ἱερὰς δίκας ἁπάσας
ἰδιώταις τε καὶ ἄρχουσι καὶ λειτουργοῖς θεῶν · καὶ νομοθε-
τοῦσιν ὅσα τῶν ἱερῶν ἄγραφα ὄντα καὶ ἀνέθιστα, κρίνοντες
ἅ ἂν ἐπιτήδεια τυγχάνειν αὐτοῖς φανείη νόμων τε καὶ ἐθισ-
μῶν · τάς τε ἀρχὰς ἁπάσας ὅσαις θυσία τε καὶ θεραπεία
θεῶν ἀνάκειται, καὶ τοὺς ἱερεῖς ἅπαντας ἐξετάζουσιν κ. τ. λ.
[††)] Guth. I. cap. 12; Serv. 4 Aeneid.
[†††)] Guth. l. c.

haben *). Die Würde des Oberpontifer selbst stand aber zunächst der königlichen. So hat sich das römische Wesen als religiöse Gemeinschaft erbaut und gegliedert, und sich als eine religiöse Gemeinde gefaßt. Alle Einrichtungen finden hier ihren letzten Grund, und wie die Stadt durch den Willen der Götter gegründet war, so wurde auch ihre Entwicklung und ihre Geschichte mit den Göttern fortgeführt, nichts geschah ohne sie, weder auf dem Forum noch im Hause; über Krieg und Frieden ward nur nach ihrem Ausspruche entschieden **); jene priesterlichen Corporationen waren aber die Vermittler, wodurch fortwährend die Götter mit dem Volke in Verbindung traten, und so bildete und lebte das Volk als religiöse Gemeinde. Es war aber eine religiöse Gemeinde in ihrem Ursprung, in ihrer weitern Entwicklung, wenn auch nicht in ihrer Vollendung. Wie die Gesammtheit für die Penaten der Stadt kämpfte, so auch der Einzelne für die seines Hauses, und wie das Thun und Lassen der Gesammtheit nach dem Willen der Götter sich richtete, so auch das des Einzelnen.

Auf diese Weise war die religiöse Gemeinschaft zugleich die des Staates und des Vaterlandes, und so sollten sie sich nun ausbreiten über alle Welt. Die Römer fühlten in sich den Beruf, das einende Band, das sie selbst umschlungen, um die Welt zu schlingen, und die Gemeinde der Welt in gleichem Charakter herzustellen. Deshalb wurden die Götter der Feinde zu versöhnen gesucht, und beschworen, nach Rom zu wandern, Schrecken, Entsetzen und Vergessenheit zu verhängen über das Land und das Volk, das sie bisher geschirmt ***), deshalb blieb

---

*) Guth. I. 8. Jus Pontificium der Römer von Karl Hüllmann. Bonn 1537.

**) Cic. de Div. I, 2, nihil publice sine auspiciis, nec domi nec militiae gerebatur.

***) Macrob. Lat. III. 9.

auch der Name des Genius der Stadt ein Geheimniß, weil sie wollten, daß von ihnen alle Götter verehrt werden, da nothwendig derjenige Herr der Welt werden müsse, der sie alle verehre *). Dazu waren sie aber auch ausgerüstet mit dem praktischen Ernst, der ihre ganze Religion durchdrang und ihr Leben instinktmäßig leitete; denn man sah bei ihnen, um mit Dionys von Halikarnaß **) zu reden, nichts von Gaukeleien und Schwärmereien, sondern statt dessen bloß Andacht und Achtsamkeit auf Worte und Handlungen, wie bei keinem anderen Volke der Griechen und Barbaren. So hatte aus einem kleinen Keime die Civitas romana sich entwickelt, und in immer weiteren Kreisen die Völker und die Nationen an sich durch dasselbe Band gefesselt, wie ursprünglich der Hausvater die Clienten und die Sklaven an sein Heiligthum gebunden, und der Staat war durch das Ansehen der Religion regiert ***), und diese Ordnung hielten lange die „alterthümlichen Männer und alterthümlichen Sitten" aufrecht †). Als aber die alterthümlichen Männer allmälich verschwanden, hörten auch die alterthümlichen Sitten auf, und mit ihnen die alterthümlich religiöse Gemeinde, die früher enggebunden, jetzt immer mehr und mehr der Auflösung entgegen ging, wie es auch bei dem Aufhören des alten Glaubens und des alten Cultus nothwendig war. Wir sehen daher in den letzteren Zeiten der Republik den größten Verfall des religiösen Gemeinlebens. Alle Institutionen und

---

*) Plut. quaest. R. 60. edd. Boxhorn Graev. Thesaur. V.

**) Hist. R. II. 18—19. — ... οὐκ ἄλλο τῶν παραπλησίων τούτοις τερατευμάτων οὐδέν, ἀλλ' εὐλαβῶς ἅπαντα πραττόμενά τε καὶ λεγόμενα τὰ περὶ τοὺς θεοὺς, ὡς οὔτε παρ' Ἕλλησιν οὔτε παρὰ βαρβάροις κ. τ. λ.

***) Cic. de Div. I. 40. ut testis est nostra civitas, in qua et reges augures et postea privati eodem sacerdotio praediti rempb. religionum auctoritate rexerunt.

†) Cic. nach Ennius.

Gesetze waren, wenn nicht vernichtet, doch in die größte Unordnung gerathen. Um mit der Familie anzufangen, so wurde
selten mehr eine Confarreations-Ehe geschlossen, die doch wie
Plinius sagt *), die heiligste unter allen gottesdienstlichen
Gebräuchen sei. Die Ehescheidung, welche lange Zeit in
Rom unbekannt war, nahm in ungeheuerm Maaße überhand,
und eben so deren Ursache, die größte Sittenlosigkeit, so
zwar, daß Seneca *) sagen konnte, daß einige der vornehmsten Weiber ihre Jahre nicht mehr nach der Zahl der Con-
suln zählten, sondern nach ihren Männern ***). War die
Ehelosigkeit früher eine Schande, so mußten damals Gesetze
gegeben werden, ihr Einhalt zu thun. Der Ehebruch selbst
gereichte nicht im mindesten mehr zur Schmach, und Augustus
gab vergeblich die lex Julia und die lex pappia poppaea.

Wie so das Familienband zerrissen war, so wurden auch
die Sacra privata, welche das Familienband webten, nach-
lässig und ungern gefeiert. In den XII Tafeln heißt es †):
„der Privat-Cultus soll beständig unterhalten werden". —
Starb aber nun Jemand, so war der Haupterbe verpflichtet, die Sacra privata zu übernehmen; da dieß aber den
Römern in späterer Zeit lästig wurde, so suchte man — zwar
nicht der Erbschaft, wohl aber der Uebernahme des Privat-
Gottesdienstes zu entgehen; es wurden daher Ausflüchte er-
sonnen, unter welche vorzüglich folgende gehört: Ein Käufer
einer Hinterlassenschaft war nämlich zur Uebernahme des Pri-

---

*) Hist. Nat. 18,6. Siehe Beckers Gallus, erster Excurs über die
    Ehe.
**) de beneficiis III. 16; exeunt matrimonii causa, nubunt
    repudii .... Quam invenies tam miseram, tam sor-
    didam, ut illi satis sit unum adulterorum par? nisi sin-
    gulis divisit horas, et non sufficit dies omnibus etc.
    Das Gegenbild zur Lucretia.
***) Meiners Verfall der Sitten. S. 95. ꝛc.
†) Cic. de leg. II. 9. Sacra privata perpetuo manento.

vaterlicus nicht verpflichtet; um daher der Verpflichtung zu entgehen, machte der Haupterbe einen Scheinkauf *).

In gleicher Unordnung waren die verschiedenen priester= lichen Körperschaften. So unterblieb 72 Jahre lang die Wahl eines Flamen=Dialis ohne Nachtheil der Religion **). Die Vestalinen sollten aus den Töchtern der vornehmsten patrici= schen Familien gewählt werden. Die Vornehmen der dama= ligen Zeit gaben aber ihre Töchter ungern zu diesem Dienste her ***), und so wurde bald ein Mangel fühlbar, dem Augustus †) dadurch zu begegnen suchte, daß er die Vor= rechte der Vestalinen mehrte. Aber umsonst; unter Tiberius nahm der Mangel so zu, daß man die Töchter der Freige= lassenen vorschlug, von denen sich sehr viele fanden, die im Senat nur loosen sollten, obwohl es dann unterblieb. Eben so waren die früheren Gesetze in Bezug auf das Pontificat in Verfall. Die Keuschheit des Pontifex war gerade keine Erfor= derniß mehr, und das lascive Leben Cäsars that seiner Würde als Oberpontifex keinen Eintrag; seine beständige Abwesenheit von Rom ward gleichfalls übersehen. Das Recht der Pontifices, sich bei einem Todesfalle selbst zu ergänzen, war der Willkühr und dem Partheizweck unterworfen; so hatte der Volkstribun Cajus Domitius Ahenobarbus das Recht den Volkscomitien übertragen, wie auch das Volk bei der Wahl des Oberpontifex mehr Rechte erhalten hatte, indem er nicht mehr von den Comitiis curiatis, sondern von den Tributis gewählt wurde. Sulla antiquirte dieses Gesetz, und setzte wie überall auch hier eine oligarchische Verfassung ein, indem er die Wahl an ein Collegium wies; Labienus gab

---

*) Cic. de leg. edid. Moser excurs. IX. pag. 501 nach Engl-
bronneri Disput. p. 63—66.

**) Tacit. Annal. III. 58 a. u. c. 668—744. vid. Lips. adh. I

***) Dio Cass. LV. 22.

†) Suet. 31.

zwar die Wahl dem Volke wieder zurück, damit Cäsar es werden konnte, welcher beßhalb, um die Beistimmung des Vol- kes zu erhalten, keinen Aufwand scheute *). Markus An- tonius hatte endlich die Wahl, indem er den Lepidus dazu ausersehen, dem Collegium selbst wieder zurückgegeben **) bis Augustus nach des Lepidus Tod auch diese Würde mit den übrigen vereinte.

Auf diese Weise wurden die Einrichtungen und die Ge- setze, die die frühere religiöse Ordnung aufrecht erhielten, ver- nachläßigt und umgestoßen, und zum Spiele der Willkühr, des Ehrgeizes und der Partheileidenschaft gemacht. Und man darf daher sich nicht wundern, wie Cicero sagen konnte, daß auf diese Weise das römische Volk in kurzer Zeit weder ei- nen Opferkönig noch einen Flamen, noch Salier haben werde, noch die Hälfte der übrigen Priester ***). Statt der frü- heren Pietät gegen die Götter erblicken wir Eigennuz, Hab- sucht, ihretwegen jede Entheiligung, völliges Verkommen religiöser Scheu. Nicht fürchtete man mehr der Götter Rache, wenn man ihre Tempel beraubte: so hatten un- ter Sulla, sagt Sallustius, die römischen Heere sich zuerst gewöhnt, die Tempel zu berauben und die Heiligthümer zu verunreinigen †). Sulla selbst brandschazte den Tempel zu

---

*) Suet. 13. Pontificatum Max. petiit non sine profussis- sima largitione; Circumf. Sallust. Catil. 49.

**) Dio. Cass. edit. Reim. XLIV, 269; Vellej. Paterc. II. 63.

***) Cic. pro domo c. 14. Ita populus Romanus brevi tem- pore, neque regem sacrorum, neque Flamines, nec Salios habebit, nec ex parte dimidia reliquos sacerdo- tes, neque auctores centuriatorum, et curiatorum, co- mitiorum: auspiciaque populi Romani, si magistratus patricii creati non sint, intereant necesse est, cum in- terrex nullus sit, quod et ipsum patricium esse, et a patricio prodi necesse est.

†) Sallust. Catil. 11... Ibi primam insuevit exercitus po- puli Romani ... delubra spoliare, sacra profanaque omnia polluere.

Delphi, und Cäsar nahm während seines ersten Consulates 3000 Pfund Gold aus dem Capitolium hinweg, wie er auch in Gallien, und zwar aus Beutelust, die Göttertempel ihrer Schätze beraubte *).

Waren so die alten Institutionen, die aus dem religiösen Geist hervorgegangen, und durch welche Religion der Staat gehalten war, verschollen und in Mißachtung gerathen, war alle Frömmigkeit und jede religiöse Scheu gewichen, war die Familie ihres religiösen Grundes entblößt, so mußte nothwendig auch der alte römische Staat als religiöse Gemeinde, nachdem seine Grundfesten untergraben waren, aus seinen Angeln weichen. Nach langen Kämpfen hörte faktisch der ursprünglich religiöse Unterschied der Patricier und Plebejer auf, und es gab nur mehr nobiles und ignobiles, Reiche und Arme, und so mußte die alte Ordnung in ihrem Innersten erschüttert werden **). So war der frühere religiöse alterthümliche Geist aus der Gesellschaft verschwunden; der frühere Gemeingeist, der ganz und gar religiösen Charakters war, hatte aufgehört, die Individuen zur Familie und diese zum Staate zusammenzuschließen. Dafür trat die Eigensucht des Individuums hervor. „Zuerst wuchs das Verlangen nach Geld, dann nach Herrschaft, und diese waren die Quelle aller Uebel", sagt Salluft †). In diesem eigensüchtigen Streben war jeder sich selbst der Nächste, und zuletzt sein Ehr-

---

*) Suet. Caes. 54.

**) Andeutungen über den ursprünglichen Religionsunterschied der römischen Patricier und Plebejer von Dr. Pellegrino. Leipzig 1841.

***) Liv. IV. 2. Quam enim aliam vim connubia promiscua habere, nisi ut ferarum prope ritu vulgentur concubitus plebis Patrumque? ut qui natus sit, ignoret cujus sanguinis, quorum sacrorum sit; dimidius Patrum sit, dimidius plebis ne secum quidem ipse concors.

†) Cat. 10.

geiz, seine Willkühr das Gesetz, das ihn leitete. So mußte
aber der alte Eine Organism auseinander fallen in eine Masse
von Individuen, die in Partheien sich sammelten, und ihr
Eigeninteresse an die Spitze stellend so nun die Kämpfe strit-
ten, welche die Geschichte der letzten Zeit der Republik bildeten, wodurch dann als Ersatz eine neue Ordnung sich gründete, deren Grundlage nicht mehr die Religion, sondern das
Individuum, dessen Kraft und Gewalt nicht das Ansehen
der Götter, sondern Glück und Gewalt der Waffen, welche
nach langem Blutvergießen die Sehnsucht nach Ruhe, Ver-
kommenheit und den knechtischen Sinn der Zeit erzeugte. Lange
dauerten die Kämpfe, endlich erschien der längstersehnte Frie-
densbringer, Oktavianus Augustus, der Hersteller einer neuen
Ordnung, auf dem das längst erstrebte neue Reich sich er-
bauen sollte.

Also auch hier wie allerwärts völlige Auflösung der alten
religiösen Ordnung; die alte Religion war so untergegangen,
was übrig blieb von ihr, war Superstition ohne Kraft und
ohne Leben. Der alte Glaube hatte seine Kraft verloren,
nur in gewisser abergläubischer Furcht, deren selbst die Gebildeten sich nicht erwehren konnten *), zeigte er sich noch; dieß
bot einen fruchtbaren Boden für den ausländischen Cultus,
namentlich den orientalischen.

Dieß ist im Wesentlichen der Verfall der alten Religion. Um aber den religiösen Zustand einer Zeit kennen zu
lernen, ist es nicht bloß nothwendig, den etwaigen Verfall
des Alten zu schildern, sondern es sollte auch das, was sich
als Ersatz für das Untergehende bot, und wie es sich bot,
in Betracht gezogen werden. Es liegt nahe: für die alte
religiöse Wahrheit des Glaubens bot sich die subjektive in der

---

*) So war Augustus sehr abergläubisch in Bezug auf Zeichen
Suet. 90 2c.

Philosophie: für den alten einheimischen Cultus, der in den mannigfaltigsten Formen auftretende fremde Götterdienst: für die alte religiöse Gemeinde, die auf den alten Glauben sich erbaute, bot sich die neue, die auf das Individuum sich gründete, und in der eine neue bisher nicht geübte Macht und Gewalt auftrat, deren ein Glücklicher sich bemeisterte, welcher nun den großen Mechanism, der statt des alten Organism eingetreten, nach seiner Klugheit und Willkühr lenkte. Die Beantwortung dieser Fragen würde allerdings noch mehr einen klaren Blick in den Zustand damaliger Zeit gewähren, als das bisherige, allein uns war es zunächst nur darum zu thun, das Wesentlichste des Verfalls der alten Religion hervorzuheben.

CPSIA information can be obtained
at www.ICGtesting.com
Printed in the USA
BVHW08*1527041018
529297BV00008B/117/P

9 780484 598583